BEI GRIN MACHT SICH IHR WISSEN BEZAHLT

AF150930

- Wir veröffentlichen Ihre Hausarbeit,
  Bachelor- und Masterarbeit

- Ihr eigenes eBook und Buch -
  weltweit in allen wichtigen Shops

- Verdienen Sie an jedem Verkauf

Jetzt bei www.GRIN.com hochladen und kostenlos publizieren

Anna Strasser

Aus der Reihe: e-fellows.net stipendiaten-wissen

e-fellows.net (Hrsg.)

Band 501

Oskar Schindler - Die Beweggründe für sein Handeln

GRIN Verlag

Bibliografische Information der Deutschen Nationalbibliothek:

Die Deutsche Bibliothek verzeichnet diese Publikation in der Deutschen National-
bibliografie; detaillierte bibliografische Daten sind im Internet über http://dnb.d-
nb.de/ abrufbar.

Impressum:

Copyright © 2011 GRIN Verlag, Open Publishing GmbH
Druck und Bindung: Books on Demand GmbH, Norderstedt Germany
ISBN: 978-3-656-26123-0

Dieses Buch bei GRIN:

http://www.grin.com/de/e-book/199179/oskar-schindler-die-beweggruende-fuer-
sein-handeln

GRIN - Your knowledge has value

Der GRIN Verlag publiziert seit 1998 wissenschaftliche Arbeiten von Studenten, Hochschullehrern und anderen Akademikern als eBook und gedrucktes Buch. Die Verlagswebsite www.grin.com ist die ideale Plattform zur Veröffentlichung von Hausarbeiten, Abschlussarbeiten, wissenschaftlichen Aufsätzen, Dissertationen und Fachbüchern.

Besuchen Sie uns im Internet:

http://www.grin.com/

http://www.facebook.com/grincom

http://www.twitter.com/grin_com

Oskar Schindler

Leitfrage:

Was bewegte Oskar Schindler zu seinem selbstlosen Handeln?

A. Einleitung

Oskar Schindler war ein Mann voller Gegensätze.

Einerseits war er seinerzeit für seinen ausschweifenden Lebensstil bekannt, der von rauschenden Festen, guter Unterhaltung und schönen Frauen geprägt wurde. Er war ein Frauenheld und trank regelmäßig. Zudem handelte er auf dem Schwarzmarkt, liebte Glücksspiel und war offizielles Mitglied der NSDAP.

Andererseits verdanken über tausend Menschen diesem Mann ihr Leben. 1967 wurde ihm in Israel der Titel ‚Gerechter unter den Völkern' verliehen. Zu seinen Ehren wurde ein Baum in der ‚Allee der Gerechten' gepflanzt.[1,2]

Für die einen galt er als verschwenderischer Unternehmer, für die anderen war er der einzige Retter in großer Not.

Doch was veranlasste Oskar Schindler zu seiner heroischen Tat?

B. Lebenslauf

I. Die Person Oskar Schindler

Oskar Schindler wurde am 28.April 1908 im mährischen Zwittau im Sudetenland im Staat Tschechien geboren. Er wuchs als Sohn des vermögenden Landmaschinenfabrikanten Hans Schindler in einem streng-katholischen Haushalt auf und stieg bereits früh in das familiäre Unternehmen ein. Seine Ingenieur-Ausbildung erhielt er in der väterlichen Fabrik.

1928 heiratete Oskar Schindler Emilie Pelzl, die Tochter eines reichen Landwirts. Die frühe Hochzeit, 6 Wochen nach der ersten Begegnung, wird auf verschiedene Weisen erklärt. So argumentierte Oskar Schindler einerseits, dass er die Mitgift seiner Braut

---

[1] http://www.auschwitz.dk/schindler2.htm
[2] http://www.welt.de/politik/article1899671/Oskar_Schindler_Kriegsgewinnler_und_Judenretter.html

zur Rettung des beinahe bankrotten Familienbetriebes verwenden wollte. Andererseits berichtete Emilie, dass ihrer Mitgift alleine dem ausschweifenden Lebensstil ihres Gatten zugute kam.[1]

Auch anderweitig zeigte sich Oskar Schindler nur wenig an seiner Ehefrau interessiert. Nur wenige Monate nach der Hochzeit betrog er sie mehrmals und beanspruchte diverse Geliebte. Seine Frauenbeziehungen, seine Untreue und seine diversen Notlügen waren bezeichnend für sein anfängliches Leben. Oskar Schindler war ein Lebemann und Genussmensch.

Durch die Weltwirtschaftskrise 1929 ging die väterliche Fabrik Bankrott, in der auch Oskar Schindler gearbeitet hatte. Somit war er gezwungen sein Leben selbst in die Hand zu nehmen und selbständig nach Arbeit zu suchen. Nach einer langen Zeit der Arbeitslosigkeit wendete er sich erstmals der Politik zu.[2]

II. Oskar Schindler und der Nationalsozialismus

1936 traf Oskar Schindler die Entscheidung, in die spätere Sudetendeutsche Partei einzutreten, welche die Entwicklung des Nationalsozialismus unterstütze. Gleichzeitig nahm er auch Kontakt zu der deutschen Spionageabwehr auf, durch die er eine Geheimdienstausbildung erhielt und letztendliche einer ihrer Agenten wurde.[3]

Diese Aktivität führte zu einer Verhaftung durch die tschechische Polizei und zu einer Anklage wegen Hochverrats, der zu jener Zeit mit dem Tod bestraft wurde. Einzig und allein der Einmarsch der deutschen Truppen in das Sudetenland bewahrte Oskar Schindler vor seinem Schicksal.

Im Jahr 1939 trat Oskar Schindler der NSDAP bei. Seine Parteimitgliedschaft verwendete der Industrielle jedoch vorrangig zum Aufbau von Geschäftskontakten. Als die deutsche Armee in Polen einfiel, nutzte Oskar Schindler die Gelegenheit, um von dem Einmarsch in Krakau zu profitieren. Durch seine Kontakte zu den führenden Personen der NSDAP war es ihm möglich eine Fabrik in Krakau zu pachten und letztendlich sogar zu kaufen.[4] Dieser Kauf beeinflusste sein gesamtes, späteres Leben.[5]

---

[1] http://www.focus.de/wissen/bildung/biografien/tid-9746/oskar-schindler-lebenskuenstler-und-retter-der-juden_aid_297505.html

[2] http://www.oskarschindler.com/1.htm

[3] http://www.focus.de/wissen/bildung/biografien/tid-9746/oskar-schindler-lebenskuenstler-und-retter-der-juden_aid_297505.html

[4] http://www.dhm.de/lemo/html/biografien/SchindlerOskar/index.html

[5] http://www.welt.de/politik/article1899671/Oskar_Schindler_Kriegsgewinner_und_Judenretter.html

III. Deutsche Emailwarenfabrik

Diese Emailfabrik, die er in ‚Deutsche Emailwarenfabrik', kurz DEF, umbenannte, versorgte die Deutschen Truppen mit Geschirr und Kochutensilien. Durch die weitreichende Verwendung seiner Produkte war Oskar Schindler ein angenehmes und wohlhabendes Leben möglich. So konnte er durch diese Form der Kriegsunterstützung der deutschen Wehrmacht der Gefahr einer eigenen aktiven Kriegsbeteiligung an der Front entgehen.[1,2]

Jedoch stieg mit der wachsenden Bedeutung seiner Fabrik auch der Bedarf an Fabrikarbeitern.

Insbesondere die Beschäftigung polnischer Arbeiter war ein günstiger Weg um an Arbeitskräfte zu gelangen. Durch den Einmarsch der deutschen Wehrmacht waren die wirtschaftlichen Möglichkeiten Polens stark eingeschränkt.

Als es Oskar Schindler 1941 möglich war, seine Fabrik durch zahlreichende Aufträge des Militärs zu erweitern, beginnt sein Wandlungsprozess. Sein Buchhalter Itzhak Stern, der jüdischer Herkunft war, ermutigte seinen Arbeitgeber möglichst viele Juden in der Emailwarenfabrik zu beschäftigen. Dabei hob er gegenüber Oskar Schindler insbesondere den Preisfaktor hervor. In Zeiten der Judenverfolgung war die jüdische Bevölkerung auf jegliche Form der Arbeit angewiesen und galt dabei zugleich als sehr günstige und zuverlässige Arbeitskraft. Obwohl es Oskar Schindler in erster Linie um die Kosten ging, ließ er sich gelegentlich zu Spuren von Mitleid hinreißen.[3,4]

Die anfänglich kleine Fabrik erfuhr ein rapides Wachstum. Drei Monate nach der Übernahme beschäftigte sie 250 polnische Arbeiter, darunter 7 Juden. Ende 1942 war die Zahl der Arbeiter auf 800 gestiegen. Beinahe die Hälfte dieser Beschäftigten war jüdischer Abstammung.[5]

Konfrontiert mit den Folgen des Krieges und dem menschenunwürdigen Verhalten der Nationalsozialisten gegenüber den Juden, sowie der drastischen Veränderung der Gesellschaft, musste der erfolgreiche Unternehmer und Opportunist seine Rolle überdenken. Seine Einstellung ändert sich zusehends.

---

[1] http://www.judentum-projekt.de/geschichte/nsverfolgung/rettung/schindler.html
[2] Keneally, Thomas (1982): Schindlers Liste, C.Bertelsmann Verlag GmbH, S. 21
[3] http://www.focus.de/wissen/bildung/biografien/tid-9746/oskar-schindler-rauschende-feste-und-schoene-frauen_aid_297506.html
[4] Keneally, Thomas (1982): Schindlers Liste, C.Bertelsmann Verlag GmbH, S. 18
[5] http://www.gelsenzentrum.de/memory_oskar_schindler.htm

C. Schindlers Wandlung

I. Errichtung des Krakauer Ghettos

Besonders relevant für die sich stetig ändernde Auffassung Oskar Schindlers gegenüber seinen jüdischen Mitmenschen war die Räumung des Krakauer Ghettos.

Der Einmarsch der deutschen Truppen in Krakau brachte die rassistischen Ansichten der Nationalsozialisten ins Besatzungsland. Das jüdische Volk Krakaus wurde gezwungen, sich durch mit dem Davidstern gekennzeichneten Armbinden auszuweisen. Zudem wurden sie im Alltag stark eingeschränkt und teils sogar zu Zwangsarbeiten eingesetzt. Jüdischer Besitz wurde durch die einmarschierenden Deutschen beschlagnahmt. Als Jude besaß man keine Rechte.

Am 3.März 1941 erließ der Gouverneur Krakaus eine Anordnung, welche die Bildung einer jüdischen Wohnsiedlung veranlasste. Eine nähere Begründung dieser Forderung wurde nicht abgegeben. Jedoch argumentierte man mit gesundheitlichen und polizeilichen Beweggründen. Somit entstand das Krakauer Ghetto

Juden aus sowohl Krakau, als auch umliegenden Gemeinden, wurden umgesiedelt und mussten von diesem Moment an auf engstem Raum zusammen zu leben. Ein Gelände, welches zuvor von ungefähr 3000 Menschen besiedelt worden war, musste nun eine Bevölkerung von mehr als 18.000 Personen beherbergen.[1]

Diese unmenschlichen Lebensbedingungen bewirkten eine starke Dezimierung der jüdischen Bevölkerung. Viele von ihnen starben an mangelnder Hygiene, an Hunger und an Krankheiten. Fluchtversuche waren nicht möglich. Jeder, der versuchte das Ghetto zu verlassen, wurde von den Aufsehern erschossen.

Die im Ghetto lebenden Menschen waren gezwungen den Befehlen der Aufseher zu gehorchen. So mussten einige von ihnen unter extremen Bedingungen in Fabriken arbeiten, wie auch in der Emailwarenfabrik Oskar Schindlers. Obgleich die Juden für ihn zu diesem Zeitpunkt nur günstige Arbeitskräfte darstellten, empfand er ein gewisses Mitgefühl für sie.

"Wenn Sie hier arbeiten, wird Ihnen nichts geschehen. Wenn Sie hier arbeiten werden Sie den Krieg überleben."[2]

Oskar Schindler (1908-1974), zu jüdischen Arbeitern

---

[1] http://www.jewishkrakow.net/de/see/krakow-ghetto/
[2] http://www.judentum-projekt.de/geschichte/nsverfolgung/rettung/schindler2.html

Er wusste, dass das Verhalten der Deutschen gegenüber den Juden noch weitere Folgen haben würden und dass das jüdische Volk in großer Gefahr schwebte. Jedoch war es ihm als bedeutender Unternehmer möglich, zumindest einige Menschen vor dieser Gefahr zu schützen.

II. Räumung des Krakauer Ghettos

Im März 1942 begannen die Deportationen der Juden in die Konzentrationslager. Nach einem langen Jahr, in dem immer größere Transporte stattfanden, fand im März 1943 die endgültige und gewaltsame Auflösung des Krakauer Ghettos statt. Unzählige Juden starben.

Alte und schwache Menschen, aber auch Kinder, wurden noch an Ort und Stelle erschossen. Alle anderen jedoch wurden in die Konzentrationslager deportiert. Wer Widerstand leistete, wurde von den deutschen Soldaten brutal getötet.[1,2]

Oskar Schindler, der diese Geschehnisse persönlich beobachten konnte, wurde von ihnen deutlich geprägt. Er erkannte das wahre Wesen des deutschen Regimes und entschloss sich zu handeln.

Ab diesem Zeitpunkt wandelte sich Oskar Schindler langsam vom berechnenden Unternehmer zu einem wahren Menschenretter, der das Leben Fremder über den eigenen Profit stellte. Durch sein Handeln bewahrte er unter Einsatz seines gesamten Vermögens, sowie der Gefährdung seines eigenen Lebens, zahlreiche Juden vor den Konzentrationslagern.

III. Lager Plaszow

In unmittelbarer Nähe des Krakauer Ghettos befand sich das Arbeitslager Plaszow. Die ersten Zwangsarbeiter waren nichtjüdische Polen, die nach der Eroberung durch die Deutschen ihrem Kommando unterstanden. Nach mehreren Erweiterungen des Lagers wurde es offiziell zu einem Konzentrationslager ernannt.

Die überlebenden Juden des Krakauer Ghettos wurden größtenteils nach Auschwitz, jedoch teilweise auch in das Konzentrationslager Plaszow deportiert, welches unter dem

---

[1] http://www.focus.de/wissen/bildung/biografien/tid-9746/oskar-schindler-rauschende-feste-und-schoene-frauen_aid_297506.html
[2] http://www.dhm.de/lemo/html/wk2/holocaust/ghettos/index.html

Befehl des Lagerkommandanten Amon Göth stand. Dieser war bekannt für seine Grausamkeit und seiner Freude an Brutalität. Die Insassen wurden häufig von ihm gequält und schon beim kleinsten Anlass erschossen.[1]

> *„Ich war erschüttert, weil ich mit ansehen musste, wie er eigenhändig Menschen erschoss und Hunde auf Wehrlose hetzte, die dann vor meinen Augen zerrissen wurden. Das war schlimmer als alles, was ich mir bis dahin an Grausamkeit hatte vorstellen können."* [2]
> Mietek Pemper (1920-2011), KZ-Häftling, Stenograph von Amon Göth

Oskar Schindler tat sein bestmöglichstes, um diesen Juden zu helfen. Die von ihm angeheuerten Arbeiter aus dem ehemaligen Ghetto durfte er nur weiter beschäftigen, weil er die verantwortlichen Personen mit großzügigen Geschenken bestach.

IV. Die Fabrik als Arbeitslager

Anfangs konnte Oskar Schindler seine Arbeiter nur kurzfristig aus dem Lager befreien, indem er sie tagsüber in seine Fabrik holte. Die Deutsche Emailwarenfabrik hatte ihre Produktion auf Granatbuchsen umgestellt. Als Waffenfabrik erfüllte sie eine kriegswichtige Funktion und durfte somit trotz Vormarsch der russischen Armee weiter produzieren.

Zudem durfte Oskar Schindler aufgrund dieses besonderen Status noch weitere Arbeiter aus dem Lager beschäftigen. Somit hatte er Zugriff auf jüdische Arbeiter, die unter der Aufsicht der SS standen und ansonsten das Lager nicht hätten verlassen dürften.

Den Ratschlag des Produktionswechsels hatte Oskar Schindler von Mietek Pemper erhalten. Mietek Pemper, der jüdischer Herkunft war, arbeitete unfreiwillig als Amon Göths Stenograph. In dieser Position kam er als eine der ersten Personen an neue Informationen, die das Lager betrafen, und konnte Oskar Schindler rechtzeitig auf Änderungen vorbereiten.[3]

Um seine Arbeiter trotz des Produktionswechsels weiterhin zu beschäftigen, scheute sich Oskar Schindler nicht ihre Papiere zu fälschen. So konnte er auch Kinder aus dem Lager holen, indem er sie als ausgebildete Metallfacharbeiter präsentierte. Ältere Menschen wurden auf offiziellen Dokumenten um 20 Jahre verjüngt, sodass sie nicht wegen

---

[1] http://www.oskarschindler.com/7.htm
[2] http://www.spiegel.de/sptv/themenabend/0,1518,228303,00.html
[3] http://www.spiegel.de/sptv/themenabend/0,1518,228303,00.html

Arbeitsunfähigkeit dem Tode geweiht waren. Auch arbeitsuntauglichen Juden verschaffte er einen Platz in seiner Fabrik.[1]

1943 beschäftigte Oskar Schindler über 1000 jüdische Arbeiter, die jeden Morgen und Abend zwischen der Fabrik und dem Lager wechseln mussten. Oftmals jedoch konnten sie nicht zur Arbeit erscheinen, da über ihnen Strafen verhängt wurden. Kollektivstrafen wegen des Verdachts von Nahrungsschmuggel waren an der Tagesordnung. Auch waren sie häufig körperlich nicht in der Lage zu arbeiten.[2]

Da diese Zustände die Arbeit in der Fabrik erschwerten, wurde eine Sonderregelung erstellt. Unter dem Vorwand ein eigenes Arbeitslager errichten zu wollen, erhielt Oskar Schindler die Genehmigung seine Arbeiter auf dem Fabrikgelände unterzubringen.

Dort kümmerte er sich zusammen mit seiner Frau Emilie, die sein Handeln unterstützte, um eine bessere Versorgung für seine Arbeiter. Zusammen gelang es den beiden die Fabrik mit nur geringer Beeinflussung durch die SS zu führen.[3]

Dennoch kam es immer wieder zu unangekündigten, nächtlichen Kontrollen. Oskar Schindler verbrachte seine Nächte Abend für Abend in seinem Büro, um eine Eskalation dieser Kontrollen zu verhindern und im Notfall einschreiten zu können.[4]

Dadurch zieht er jedoch die Aufmerksamkeit der Gestapo auf sich und wird mehrmals als Judensympathisant angeklagt und verhaftet. Nur durch große Geldsummen und diverse Kontakte kann er sich jedesmal aufs Neue freikaufen.

D. Die Flucht aus Polen

Oskar Schindler war ein beliebter Mann bei den Männern der Wehrmacht und der SS. Zahlreiche Geschäftskontakten und die Mitgliedschaft in der NSDAP hatten ihm einen guten Ruf verschafft. Auch seine zahlreichen Verhaftungen konnten sein Ansehen nicht schmälern. Ohne dieses Ansehen wäre Schindlers Liste kaum möglich gewesen.

I. Schindlers Liste

1944 erhält Oskar Schindler den Befehl die Krakauer Fabrik zu räumen. Die Rote Armee rückte kontinuierlich vor. Das Lager Plaszow wurde von den Nationalsozialisten noch vor

---

[1] http://www.focus.de/wissen/bildung/biografien/tid-9746/oskar-schindler-rauschende-feste-und-schoene-frauen_aid_297506.html
[2] Keneally, Thomas (1982): Schindlers Liste, C.Bertelsmann Verlag GmbH, S. 166
[3] http://www.dhm.de/lemo/html/biografien/SchindlerOskar/index.html
[4] http://www.oskarschindler.dk/schindler6.htm

der Ankunft der Roten Armee selbstständig zerstört, wodurch die jüdischen Zwangsarbeiter in andere Lager deportiert werden mussten. Die Arbeiter in Oskar Schindlers Fabrik bildeten dabei keine Ausnahme.

Um dies zu verhindern ließ Oskar Schindler seine Kontakte spielen und verwendete Unmengen seines Millionenvermögens, um die Verantwortlichen zu bestechen und zu beeinflussen. Er musste nicht nur Amon Göth, den Kommandanten des Lagers Plaszow, für sich gewinnen, sondern auch die Verantwortlichen in Berlin.[1]

Letztendlich gelang ihm das Undenkbare: Er durfte seine Arbeiter behalten und die Produktion im tschechischen Brünnlitz fortsetzen. Zu diesem Zweck entstand die Liste, die später als ‚Schindlers Liste' berühmt werden sollte.

Das Erstellen von Listen war im Lageralltag der Konzentrationslager nichts Besonderes. Häufig mussten Listen erstellt werden, wenn Häftlinge von einem Konzentrationslager in das Nächste deportiert wurden. Dabei handelte es sich um einen schlichten Austausch von Arbeitskräften. Auf diesen Listen wurde nur in den seltensten Fällen ein Name genannt. Vielmehr ging es um die Anzahl der Insassen und ihre Fähigkeiten.

‚Schindlers Liste' bildete eine große Ausnahme. In mühevollster Arbeit erstellten mehrere Lagerinsassen des Lager Plaszows die Liste, auf der die Namen jedes Fabrikarbeiters und dessen Familienmitgliedern stand. Jede kleinste Angabe musste korrekt sein, da es um Menschenleben ging.[2]

Obgleich die Liste der Verdienst vieler unterschiedlicher Helfer war, werden einzelne Personen insbesondere mit ihr in Verbindung gesetzt. So wird zum einen behauptet, dass Mimi Reinhard, eine ehemalige Sekretärin der Fabrik, die Liste selbständig erstellte. Aber auch Hilde Berger, ebenfalls Sekretärin, wird oft im Zusammenhang genannt.

Einen besonderen Fall bildet Marcel Goldberg, ein jüdischer Häftling, der sich als Schreiber von Bestechungen und Korruption leiten ließ. Im Austausch für Geld, Schmuck und andere Wertgegenstände schrieb er zusätzliche Namen auf die Liste und ließ dafür sogar bereits geschriebene Namen löschen.[3]

[1] http://www.dhm.de/lemo/html/biografien/SchindlerOskar/index.html
[2] http://www.oskarschindler.dk/list.htm
[3] http://books.google.de/books?id=T3bI8JS3NjkC&pg=PA261&lpg=PA261&dq=marcel+goldberg+kz&source=bl&ots=8cBW90ZzFr&sig=lfmuRioGijtSTECAAYUIaQ9ys3Y&hl=de&ei=S-5oTqzTE5T44QTfn4DvDA&sa=X&oi=book_result&ct=result&resnum=8&ved=0CFcQ6AEwBw#v=onepage&q=marcel%20goldberg&f=false

II. Umzug nach Brünnlitz

Obwohl Oskar Schindler zugesichert wurde, dass er seine Arbeiter in Brünnlitz wiedersehen würde, lief die Umsiedlung des Lagers Plaszow mit großen Problemen ab. Männer und Frauen mussten in unterschiedlichen Transporten aus dem Lager gebracht werden. Dabei wurde der Transport mit den Männern versehentlich in das Konzentrationslager Groß-Rosen gebracht. Der Aufenthalt ist jedoch nur von kurzer Dauer.

Schlimmer trifft es den Transport der Frauen, der statt Brünnlitz schließlich das Vernichtungslager Auschwitz erreicht.[1]

Dort mussten die Frauen wochenlang ausharren, bis es Oskar Schindler schließlich gelang sie zu retten. Damit erreichte er etwas, was zuvor als unmöglich galt. Niemand hatte vorher geglaubt, dass es einen Weg gab Auschwitz lebend zu verlassen. Dennoch bewies er das Gegenteil.[2]

III. Das Leben in Brünnlitz

Mit ihrer Ankunft in Brünnlitz waren die Schindlerjuden noch nicht außer Gefahr. Noch immer standen sie unter der Beobachtung der SS. Oskar Schindler musste sich mehrfach für sein humanes Verhalten gegenüber seiner Arbeiter vor der SS rechtfertigen.

Auch war es anfangs schwierig, eine solch große Menschenmenge zu versorgen und unterzubringen. Viele der Frauen waren nach dem Aufenthalt in Auschwitz für längere Zeit nicht arbeitsfähig.

Trotz all dieser Schwierigkeiten begann für die Schindlerjuden in Brünnlitz ein neues Leben. Oskar Schindler versorgte jeden Einzelnen seiner Arbeiter mit ausreichend Nahrung, Unterkunft, Kleidung und Medizin, obwohl er dazu sein eigenes Vermögen verwenden musste. Emilie Schindler verkaufte ihre Juwelen, um auf dem Schwarzmarkt medizinische Geräte zu erwerben, damit in der Fabrik eine Krankenstation errichtet werden konnte.

Um den Anschein zu wahren setzte die Waffenfabrik ihre Arbeit fort. Jedoch wurden in der noch verbliebenen Dauer des Krieges keine funktionierenden Granaten mehr produziert. Dennoch heuerte Oskar Schindler unermüdlich noch weitere jüdische Arbeiter

---

[1] http://www.dhm.de/lemo/html/biografien/SchindlerOskar/index.html
[2] http://www.oskarschindler.dk/schindler9a.htm

aus allen möglichen Ländern an, die ansonsten in den deutschen Konzentrationslagern geendet wären.

Alles in allem sollen die Schindlers für die Rettung ihrer Arbeiter mehr als 4 Millionen Reichsmark aufgebracht haben, beinahe ihr gesamtes Vermögen. [1,2]

E. Nach dem Krieg

I. Das Leben in der Nachkriegszeit

Am 8. Mai 1945 erfuhr Oskar Schindler aus dem Radio von der Kapitulation Deutschlands.

Er löste seine Fabrik in Brünnlitz auf und verabschiedete sich von seinen Arbeitern. Um sie vor einem vollständigen Leben in Armut zu bewahren, übergab er ihnen die letzten Reste aus dem Warenhaus der Fabrik. [3]

Die Schindlerjuden verabschiedeten sich von ihm mit einem letzten Geschenk: Ein Ring, gefertigt aus Zahngold, mit einer Gravur aus dem Talmud.

> *„Wer auch nur ein einziges Leben rettet, rettet die ganze Welt.“* [4]
>
> Talmud, heilige Schrift des Judentums

Die Nachkriegszeit war für Oskar Schindler geprägt von Misserfolgen und Enttäuschungen. Als Unternehmer konnte er nie wieder Fuß fassen und blieb unbedeutend.

Er und seine Frau Emilie mussten von Unterstützungen der jüdischen Hilfsorganisation ‚Joint‘ leben.

Eine Flucht ins Ausland gelang anfangs nicht, da Oskar Schindler trotz seiner heldenhaften Taten noch immer offizielles Mitglied der NSDAP war. Somit versuchte er sein Glück weiterhin in Deutschland, wo er jedoch wegen seiner Aussagen in diversen Prozessen gegen Mitglieder der NSDAP verachtet wurde. Seine Landleute betrachteten ihn als Landesverräter. [5]

Nach einiger Zeit gelang es Oskar Schindler zusammen mit seiner Frau, seiner Geliebten und vereinzelten Schindlerjuden nach Buenos Aires in Argentinien auszuwandern, wo er

---

[1] http://www.oskarschindler.com/6.htm
[2] http://www.dhm.de/lemo/html/biografien/SchindlerOskar/index.html
[3] http://www.oskarschindler.dk/schindler2.htm
[4] http://www.welt.de/politik/article1899671/Oskar_Schindler_Kriegsgewinnler_und_Judenretter.html
[5] http://www.oskarschindler.dk/suitcase.htm

sich 8 Jahre lang als technischer Berater auf einer Farm versuchte. Da er auch in Argentinien keinen wirtschaftlichen Erfolg erfuhr und schließlich bankrott ging, kehrte er wieder nach Deutschland zurück. Bei seiner Rückkehr nach Deutschland 1957 war Oskar Schindler alleine. Seine Frau blieb in Buenos Aires zurück. Er sah sie nie wieder.[1,2]

In Deutschland versuchte er sich in den unterschiedlichsten Berufen, doch gelang es ihm nicht finanziell unabhängig zu werden. Den Rest seines Lebens verbrachte er in Abhängigkeit von den von ihm geretteten Schindlerjuden. Er reiste regelmäßig nach Israel, welches für ihn eine zweite Heimat wurde.

1967 wurde ihm von der Holocaust-Gedenkstätte Yad Vashem in Israel der Titel ‚Gerechter unter den Völkern' verliehen. Zudem erhielt er einen Baum in der ‚Allee der Gerechten'. Diese Auszeichnungen sorgten in Deutschland für weitere Missbilligungen. Seine wenigen Geschäftspartner wanden sich von ihm ab, da er nun offiziell als ein Unterstützer der Juden bekannt geworden war.[3]

Am 9.Oktober 1974 starb Oskar Schindler in Hildesheim an einem Leberversagen. Er war 66 Jahre alt. Auf seinen eigenen Wunsch hin wurde er in Jerusalem auf dem Berg Zion begraben. Er starb arm, doch mit der Gewissheit, dass er sein Leben richtig verbracht hat. Er rettete mehr als 1000 Menschen das Leben. 6000 Menschen, Nachfahren der ehemaligen Schindlerjuden, hätten ohne ihn niemals das Licht der Welt erblickt.[4]

II. In Erinnerung an Oskar Schindler

Als Thomas Keneally, von Beruf Schriftsteller, 1980 ein amerikanisches Lederwarengeschäft betrat, rechnete er nicht mit der Geschichte, die ihm dort begegnen würde. Der Laden wurde von Leopold Pfefferberg geführt, einem ehemaligen Schindlerjuden, der es sich zur Aufgabe gemacht hatte die Geschichte seines Retters zu verbreiten.[5]

Thomas Keneally war der erste Mann, der die damaligen Geschehnisse genauer recherchierte. 1982 veröffentlichte er das Buch ‚Schindlers Liste' und erregte somit die Aufmerksamkeit von Steven Spielberg. Dessen Verfilmung des Buches erlangte große Berühmtheit und wurde zu einem Vorzeigefilm für die Geschehnisse des Holocaust.

---

[1] http://www.dhm.de/lemo/html/biografien/SchindlerOskar/index.html
[2] http://www.emilieschindler.com/new_page_6.htm
[3] Keneally, Thomas (1982): Schindlers Liste, C.Bertelsmann Verlag GmbH, S. 342
[4] http://www.oskarschindler.com/9.htm
[5] Keneally, Thomas (1982): Schindlers Liste, C.Bertelsmann Verlag GmbH, S. 7

Diesem Film verdankt Oskar Schindler seine spätere Bekanntheit und bewirkte, dass sein Name auch heute noch für die Courage des Einzelnen in einer Zeit der Not steht.[1]

F. Die Beweggründe Oskar Schindlers

Oskar Schindler hatte alles, was er sich wünschen konnte. Er war reich, beliebt und geschätzt. Er lebte, wie es ihm gefiel. Sein Leben war sorglos und geradezu perfekt. Doch lassen verzweifelte Zeiten manchmal das Beste aus einem Menschen hervor scheinen.

Die genauen Beweggründe Oskar Schindlers werden wahrscheinlich niemals bekannt werden. Er tat zweifellos das Richtige, womit seinerzeit zu den Wenigsten gehörte. Er begann als profitorientierter Unternehmer und entwickelte sich zu einem wahren Menschenfreund. Doch warum?

Zahlreiche Schindlerjuden fragten sich das Gleiche, doch haben sie die volle Wahrheit nie herausfinden können.

> "I don't know what his motives were, even though I knew him very well. I asked him and I never got a clear answer and the film doesn't make it clear, either. But I don't give a damn. What's important is that he saved our lives."[2]
>
> Ludwik Feigenbaum, Schindlerjude

Oskar Schindler äußerte sich nur selten zu seinem Handeln. Es war die Grausamkeit der Nationalsozialisten, die ihn bewegte, die simple Menschenliebe, die ihn zum Handeln antrieb. Doch wenn dies die wahre Begründung gewesen wäre, wieso gab es nicht mehr Leute wie ihn?

Andere Stimmen behaupten, dass Oskar Schindler aus Eitelkeit gehandelt hat. Er wollte sich einen guten Ruf in der Nachwelt schaffen. Doch setzt ein Mensch sein Leben für einen solchen Wunsch aufs Spiel?

Letztendlich wird niemand die Beweggründe dieses besonderen Mannes ergründen können. Obgleich er ein verschwenderischer Mann, ein begeisterter Trinker und ein schamloser Frauenheld war, verwandelte ihn die Kriegszeit in ein strahlendes Vorbild der Zivilcourage. In einer Zeit, die bei den meisten Menschen die schlechtesten Seiten aufdeckte, wurde Oskar Schindler zum Held.

---

[1] http://www.focus.de/wissen/bildung/biografien/tid-9746/oskar-schindler-spaeter-ruhm-fuer-schindler_aid_297512.html
[2] http://www.oskarschindler.dk/schindler9.htm

G. Quellen

Textquellen

- http://www.judentum-projekt.de/geschichte/nsverfolgung/rettung/schindler.html
- http://www.judentum-projekt.de/geschichte/nsverfolgung/rettung/schindler2.html
- http://www.oskarschindler.dk/index.htm
- http://www.oskarschindler.com/1.htm
- http://www.oskarschindler.dk/schindler2.htm
- http://www.oskarschindler.dk/schindler6.htm
- http://www.oskarschindler.dk/schindler9a.htm
- http://www.oskarschindler.dk/list.htm
- http://www.emilieschindler.com/new_page_6.htm
- http://www.gelsenzentrum.de/memory_oskar_schindler.htm
- http://www.jewishkrakow.net/de/see/krakow-ghetto/
- http://www.auschwitz.dk/schindler2.htm
- http://www.welt.de/politik/article1899671/Oskar_Schindler_Kriegsgewinnler_und_Judenretter.html
- http://www.focus.de/wissen/bildung/biografien/tid-9746/oskar-schindler-lebenskuenstler-und-retter-der-juden_aid_297505.html
- http://www.focus.de/wissen/bildung/biografien/tid-9746/oskar-schindler-rauschende-feste-und-schoene-frauen_aid_297506.html
- http://www.focus.de/wissen/bildung/biografien/tid-9746/oskar-schindler-spaeter-ruhm-fuer-schindler_aid_297512.html
- http://www.dhm.de/lemo/html/biografien/SchindlerOskar/index.html
- http://www.dhm.de/lemo/html/wk2/holocaust/ghettos/index.html
- http://www.welt.de/politik/article1899671/Oskar_Schindler_Kriegsgewinnler_und_Judenretter.html
- http://www.spiegel.de/sptv/themenabend/0,1518,228303,00.html
- http://books.google.de/books?id=T3bI8JS3NjkC&pg=PA261&lpg=PA261&dq=marcel+goldberg+kz&source=bl&ots=8cBW90ZzFr&sig=lfmuRioGijtSTECAAYUIaQ9ys3Y&hl=de&ei=S-5oTqzTE5T44QTfn4DvDA&sa=X&oi=book_result&ct=result&resnum=8&ved=0CFcQ6AEwBw#v=onepage&q=marcel%20goldberg&f=false

- Keneally, Thomas (1982): Schindlers Liste, C.Bertelsmann Verlag GmbH
- Pemper, Mietek (2005): Der rettende Weg. Schindlers Liste – Die wahre Geschichte, Hoffmann und Campe Verlag